J O A Q U Í N
SABINA

Esta boca es mía

EDICIONES B
GRUPO ZETA

Barcelona • Bogotá • Buenos Aires • Caracas • Madrid • México D.F. • Montevideo • Quito • Santiago de Chile

JOAQUÍN
SABINA

Esta boca es mía

Ilustraciones de Gustavo Otero

5.ª edición: octubre 2005

© Joaquín Sabina, 2005
© Interviú
© Ilustraciones: Gustavo Otero
© Ediciones B, S.A., 2005
   Bailén, 84 - 08009 Barcelona (España)
   www.edicionesb.com

Printed in Spain
ISBN: 84-666-2024-9
Depósito legal: B-41882-2005

Impreso por Egedsa. Sabadell (Barcelona).

Para Jesús y Javi

Índice

Prólogo: Los quevedos de Sabina

Las gafas que Joaquín Sabina se pone a ratos para escribir versos tienen que ser unas gafas del Siglo de Oro. Al menos, para escribir los versos que aquí presentamos, que participan, en general, de la gloriosa tradición satírica española y emprenden siempre la noble y difícil artesanía de las métricas mayores, entre el malabarismo y la alquimia. Estamos, de arranque, ante un libro con todas sus ventanas abiertas a la calle bullente, porque Sabina se sienta a escribir enteradísimo de lo que pasa, y hasta de lo que no pasa, y estamos enseguida, y sobre todo, ante un libro que enrama con la mejor literatura, porque el autor cambia mucho de tema, a vuelta de página, pero no cambia nunca de estilo, que en él es un vivo cruce de alegrías cultistas, canalleo adjetival, sintaxis clásica y algún taco temerario, por dar o quitar color. Un show, o sea, un lujo.

Lo que vengo a decir es que Joaquín Sabina sabe latín en todos los idiomas. Y lo practica. Como cantante es el Dylan de los que no sabemos inglés. Como poeta es directamente memorable o inclasificable, o sea, que no es uno más.

Sabina, aquí, se emplea en glosar la actualidad, pero lejos de quedarse en cronista rápido, se encierra a resolver el momento o la noticia bajo las luces del verso, con lo que la opinión deviene en iluminación y la reflexión en profecía, porque la poesía nunca perdona y «ser poeta es saberlo todo», según aquella máxima sagrada de Macedonio Fernández.

Los más grandes, a rachas, hicieron poesía satírica o burlesca, pero esta tradición quedó perdida. Los poetas en vigor pergeñan a veces sonetos difamantes a otro poeta, o a la novia putuela, o al Ministerio de Cultura o la Conferencia Episcopal, más por matar el rato, como travesura de taberna, que por ganas de incluir otros registros en las obras completas. Los poetas suelen salir muy cabrones. En prensa, hoy, la tradición no existe, directamente. O no existía. Sabina viene a rescatar airadamente un género desatendido e incluso despreciado, dentro de la lírica, y encima lo echa a volar en papel de prensa, donde ya hay de todo, menos poetas. Con un par. El artículo es el soneto del periodismo, según eternizó Umbral, y el soneto propiamente dicho es la aristocracia del verso, según vemos por Góngora, Borges, Neruda, Vallejo y otros muchos gigantes, hasta Sabina, que se apunta a la fiesta recontando sílabas hasta el alba, como debe ser. Lo suyo es un cruce de rima y dinamita, que publica *Interviú* cada lunes, pero que aguantará siglos. Se ve que en cada texto ha cumplido el monacato, casi suicida, del estilista. Si no fuera por las tiranías periodísticas, que obligan a cerrar a fecha fija, seguro que Sabina aún estaba afinando la primera de estas piezas, noche adentro, ironía adentro, porque «la perfección es sucesiva», como él sabe, desde Juan Ramón, y hasta nueva orden.

Vienen siempre en él las lecturas nutricias que se cumplen subido a las copas de los árboles, de Baudelaire a Lorca, de Lope a Shakespeare, que son las lecturas que importan, según un diagnóstico iluminado, y asoma asimismo una rica vida de noctámbula sabiduría, porque la luna no es sólo el sol de los muertos, como escribiera otro poeta, sino también, y sobre todo, el sol de los insaciables. Sabina acierta siempre en el exceso, pero sabe que el verso, o el poema, es una equidad de música y sentido, una colmada matemática del relámpago. Hay sobrantes y sobresalientes muestras de lo que arriesgó en otro libro suyo, *Ciento volando de catorce*. Ya José Hierro, en su día, derrochó elogios al respecto, con más autoridades que yo.

Celebro hasta los huesos la presencia de un forajido como él entre los cronistas vigentes, porque el que molesta vale, y el que escribe fino siempre lleva razón. Y también porque el gremio no pasa de ser un coro de chicos bien peinados que practican el piropo de pastelería y la adulación del balneario, salvo algún descarriado, que bien pudiera acabar muerto de hambre. Sabina va a todo con un par de huevos y se juega el tipo por una metáfora torera, que es el estoque de los que no usan estoques. En cuanto a su vicio de componer sátira, sólo cabe brindar hasta la borrachera, pues no existen géneros mayores o menores, en poesía, sino buena o mala lírica, siguiendo aquel lema machadiano que proclama «hacer de la prosa otra cosa». Los policías del verso, que suelen mirar para otro lado, cuando asoma un exótico, practican un racismo literario que acaso no encubre sino las vastas limitaciones propias.

Yo sospecho que los quevedos que Joaquín Sabina usa para perpetrar endecasílabos son los mismos que gastara el propio Quevedo, ya digo, porque de otro modo raramente se entiende que la música le salga tan esenciada y la mala leche tan atenta. Él mismo se lo advertía en *Interviú* a su biógrafo, Javier Menéndez Flores, al iniciar esta serie, allá por abril del 2004: «Llega un momento en el que piensas en endecasílabos». Pues eso.

Sostenía Rimbaud que el poeta es un ladrón de fuego, pero Sabina es, además, un ladrón de gafas, sí, de las gafas mágicas y únicas de don Francisco, con las que se procura sonetos donde se mata a un ministro o se vacila a una princesa. Aquí están Zapatero y Letizia y Gallardón y Beckham y otras víctimas del momento, que ya lo son para siempre. Contra lo habitual en todo cuaderno más o menos lírico, que vive del exilio interior, este poemario ha cuajado al aire de la actualidad, semana a semana, durante el año, y así a veces se sirve de la noticia cultural o política o se invade de los nombres notables del peatonaje, en un ejercicio que incluye a un cronista doblado de juglar o al contrario. La urgencia, que es el corazón del periodismo, nunca impide a Sabina la minucia orfebre del endecasílabo pulido a fondo, que es la alcurnia de oro del lenguaje. Aquí salen Maradona y Camila y Sardá y también Serrat y Carrillo y García Márquez y más culpables de la astronomía sentimental o literaria del autor, que contando de otros se canta a sí mismo, naturalmente. La verdad, en verso, es más verdad, y no hay más retrato que el autorretrato.

Sabina sabe elegir el tema, o el personaje, como los buenos columnistas, y luego lo pasa todo por las armas de las letras, que en él tienen rima dulce o condición de cuchillo, según el día y según las ganas. Sabina, en cada poema, quema un periódico y toda la Generación del 27. Sabina, en cada verso, salva un titular y la tristeza de César Vallejo, para contento de los que aún creemos que leer es vivir.

No hay en España, hoy, un tío que se tome toda juerga tan en serio. Los quevedos de Joaquín, insisto, tienen que ser los de Quevedo. Aunque a lo mejor del Siglo de Oro sólo es él.

Ángel Antonio HERRERA
Madrid, mayo de 2005

Entre pezones y Millas

En mis idolatrías vaginales
nunca faltó un *ménage* a cien en verso,
una orgía con *misses* subnormales,
un viaje a Benidorm con el Imserso.

Adicto a los pecados veniales
en onanistas aguas floto inmerso,
devoto de caricias animales
que hagan menos Aznar el universo.

Entre pezones y Millás, qué lujo
de siliconas, Savater, botellas,
¿talones? a calle melancolía.

El que ilustra responde del dibujo,
Interviú, señoría, de las querellas,
yo de la voz, porque esta boca es mía.

J. Sabina

Musa Calle Melancolía

OTERO

Ojalá

Para ZP

Ojalá no te crezcan los enanos,
ojalá no te embistan las pateras,
ojalá no se coman los gusanos
el polen de esta nueva primavera.

Ojalá suevos, vándalos y alanos
no diseñen tricornios y fronteras,
guárdate de los guardias pretorianos,
del lameculos, del robacarteras.

Ojo con el aliento de Felipe
que lleva dentro el virus de la gripe
del pollo (dixit Gallardín a Bono).

Y a Maquiavelo, Rasputín, Perote,
después de que se aprendan el Quijote
mándalos al carajo con buen tono.

J. Salina

Madrid, abril de 2004

17

Mano
de dios

Bendito sea el noble colchonero,
que pierde como sabio con farlopa,
para vosotros putas y dinero,
para mí Torres, Diego y otra copa.

La doce, frente atlético, lo mismo,
Caballito, Perón, la última curda,
nos une la pasión y el catecismo
de los que nada creen y aman tu zurda.

Pelotero genial, hincha pelotas,
amigo de Fidel, hermano mío,
loco, enfermo, cabrón, líbero en zona.

Benditos sean los tacos de tus botas,
bendita tu receta contra el frío,
mano de dios, bendito Maradona.

No te nos
mueras más

Maldito sea el vómito, la arteria
que disloca la coca de los pibes,
vivir era un balón de feria en feria,
morir… un cero a uno contra River.

Maldita sea la carpa desalmada
que te pitó un penal, letal e injusto,
maldita sed de todo siendo nada,
no te nos mueras más ¡pucha qué susto!

Qué falta de respeto, mundo killer,
los penúltimos llegan los terceros,
Nápoles, cebollita, Barcelona.

Malditos sean Coppola y Zisterpiller,
los *dealers*, las madamas, los banqueros
que le chupan la sangre a Maradona.

J. Sabina

Madrid, mayo de 2004

Sin Curro
ni Antoñete

San Isidro sin Curro ni Antoñete,
sin Tomás, sin Paulita, sin Morante,
parece becerrada apaga y vete
sin duende, ni compás, ni *pata alante*.

Ni Ordóñez, ni José, ni Manolete,
ni un picador montado en Rocinante,
ni un vuelo de pañuelos en el siete,
ni un Frascuelo que rime en consonante.

Nos queda Serafín Marín, Encabo,
César Rincón si vuelve a ser quien daba
pases de pecho de pitón a rabo,

Caballero, Abellán, Esplá y los oles
que soñando soñé que me gritaba
Victorino en un quite por faroles.

J. Sabina

Rota, mayo de 2004

Ripiado de Palacio

¿Qué filtro de amor, Letizia,
qué palaciega delicia
te sedujo, corazón?

Ayer le puse dos velas
negras a Rouco Varela
por bendecir la función.

Y, sin cambiar mis principios
tricolores, estos ripios
quisieran, princesa Ortiz,

decirte en esta balada
que ya no hay cuentos de hadas
que tengan final feliz.

Menuda bronca has formado
por haber desolterado
al heredero de Orce;

lo que él gana yo lo pierdo,
¿boda del siglo? De acuerdo,
pero del siglo catorce.

Princesa, qué anacronismo,
este gigante es el mismo
que derrotó a don Quijote.

¿Para qué sirven los reyes
si no les rozan las leyes
ni el hambre ni el chapapote?

Dile a tu suegra Sofía
que imite a doña María
y aplauda a Curro Romero.

Rostropovich mola mazo,
pero el pueblo es un pedazo
de pan tosco y zarzuelero.

¡Viva Azaña! repetía
la España que maldecía
monarquías de quita y pon.

Procura que don Felipe
entre polvo y polvo flipe
con Borges, Larra y Platón.

Bajo la tiara de espinas,
háblale de tus vecinas,
tormentos y desvaríos

al principito del cuento
que se aprendió el argumento
y nunca ha pasado frío.

Agárralo por el talle,
ponlo en mitad de la calle
disfrazado de bufón,

de moro sin pasaporte,
de cortesano sin corte,
de sueño de la razón.

Dile que las divorciadas
no creen en esas bobadas
de la princesita tonta.

La Sartorius se quedó
corta y la nórdica no
supo hacer de Pocahontas.

Háblale de usted a tú,
dile que la sangre azul
cuando sangra es bermellona;

que se mezcle con la gente,
que no sea tan indolente,
al peso de su corona.

La familia es un sorteo,
Julieta besa a Romeo
por no cortarle las alas.

Pobrecita lady Di,
que quiso cambiarle el chip
al RIP de Buckingham palace.

Y ojo con la canallesca
lisonjera que arma gresca
según afines la nota.

Madrid bien vale una misa
¿o era París? con las prisas
ni Peñafiel mira el Gotha.

La corte de los milagros
parece un corral de Almagro
sin Lopes ni Calderones.

Ojalá que los Ortiz
maquillen con su barniz
ilustrado a los borbones.

Cristínate, elénate,
Leti, urdangarínate,
pero sin marichalarte.

Nadie compre los secretos
de aquel marido discreto
que no es juez siendo tan
parte.

Sin ponerme en tu lugar
quisiera que por jugar
compartieras la primicia

de que el rojo menos chic
alce su trago de Dyc
para brindar por Letizia.

Madrid, mayo de 2004

23

deSastrones
al poder

Para la Simo y José Miguel

Curada la resaca de la boda,
fundidas las bombillas Pascua Ortega,
queda la flor marchita de una moda
Pertegaz que se pasa y nunca llega.

Madrid entre los dioses y las furias,
lujo y penuria de las buenas gentes
que aplauden a los príncipes de Asturias
y lloran en Atocha a los ausentes.

Viva la poca fe sin protocolos,
fuera la hoja de parra del cristiano,
muera la muerte en traje de etiqueta.

Al fin y al cabo, primo, estamos solos,
lo desastrón mejor que lo Mecano,
por cierto... la más guapa, Simoneta.

J. Sabina

Madrid, mayo de 2004

24

Consejos colchoneros para Beckham

Para la *Spice* Madrid apesta a ajo,
Concha Espina, a David, le sabe a coño,
las Loos chupan merengues a destajo,
Nuria Ber hace el oso sin madroño.

¿Fashion?, paren la liga que me bajo.
¿Brooklin, Romeo? Qué par de dos retoños.
Que manden a sus papis al carajo,
primaveros mimados del otoño.

Y, sin embargo, si se relajara
la Vicky y si el inglés se la tirara
y el Ritz más que galaxia fuera nido,

se comerían vivo al Osasuna
y al Mónaco y al Depor y ninguna
le tocaría la polla a su marido.

Junio de 2004

27

Tercetos encabronados (I)

Hay que tener dos huevos escalfados
para llamarse Matamoros, Coto,
con la que está cayendo en Algeciras.

Por no hablar de los Lequios repeinados,
de los Boris que van como una moto
entre choris, chaperos y mentiras.

Mal pagado y, jugándose la piel,
pobrecito negrito de Ana Rosa
que plagia lo que firma su madama.

Sostuvo Dinio, jódete Fidel,
la carne de cañón no es tan morbosa
sin cóctel de talón y mala fama.

Yo reto a quien me llame moralista
a dueto singular, a rumba en pedo,
a callejón, a timba, a cabarete.

El caso es que me paga esta revista
por ahondar con la daga de Quevedo
la llaga de la tele caga y vete.

Big brother, Hotel Glam, vómito en vena,
Kiko, Malena, Crónicas Marcianas,
¿Dónde estás, corazón? ¡Qué disparate!

Tómbola, Mamma mía, qué cadena
de eructos iletrados, de fulanas,
de chulos lameculos con tomate.

La noche es un fantoche,
un coche bomba,
una media lunita kamikaze,
una estufita helada en primavera.

Un paparazzi, un inModesto Lomba,
un Endemol que sabe lo que hace
un finstro pecadol de la pradera.

Cayó Napoleón, el Sha de Persia,
los zares, Constantino, el de Saboya,
puño a la virulé en infante ojo.

En cuanto a mí, ninguna controversia,
me importa dos cojones con quién folla
la novia de la novia del Pantojo.

Por cierto, qué pasada, Carolina,
heredera del rey de la ruleta,
fané y descangallada en plena boda.

Si supiera la Kelly, tan divina,
que Hannover no se abre la bragueta
más que para mear güisqui sin soda.

Por lo demás la arena está que arde,
Doña Elena, en su palco de Las Ventas,
soñando que el torero cuaja un toro.

Y el porvenir tan póstumo y cobarde
embargando mis luces y mis rentas
del coño al corazón, del caño al coro.

Maldita sea la oferta y la demanda
quien manda es el que da, no el que recibe,
lo dice un teleadicto a la tortura.

Mientras mimen los focos al baranda,
se tira el moco y compra al que suscribe
aunque se cisque en la telebasura.

I. Salina

Junio de 2004

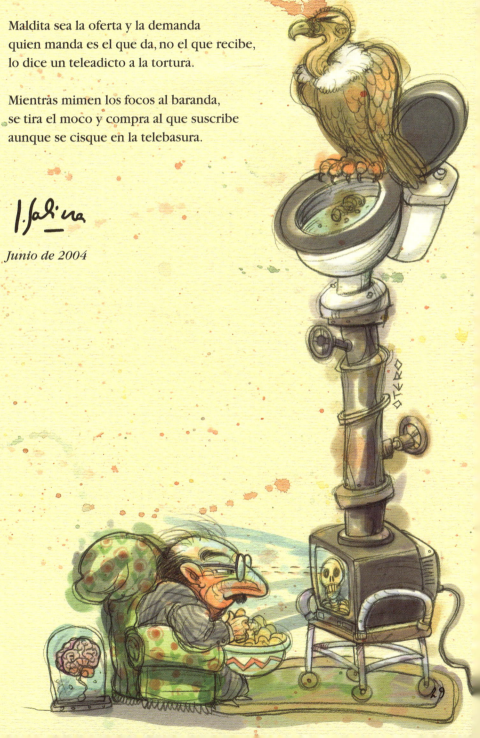

Tercetos encabronados (II)

Nos vais a defraudar, maldita sea,
pero, mientras, huid hacia adelante,
por vuestros muertos y por nuestros hijos.

Bailad el cha cha cha con la más fea
y, ojo, que ya se burla del talante
risueño el otro dueño del cortijo.

Los Jiménez Losantos, los Ussía,
los Albiac, los Campmany, los Herreros,
los Burgos, los Botines de la usura.

Los costaleros de Santa María,
los Acebes tan leves y tan hueros,
los Jiménez de Parga con tonsura.

Cruzados del pasado, articulistas
del *ABC*, de la *Razón*, del *Mundo*,
arqueólogos del siglo diecinueve.

Juanes con Tierra, guerracivilistas
de un campo de Agramante nauseabundo,
Zeta Pe no es Moisés... pero se mueve.

Convénzase, Rajoy: el del bigote
nos cavó una trinchera vil e injusta
haciéndole un Lewinski a mister Bush.

Bastaba el decretazo, el chapapote,
la boda de la niña (¡qué me gusta
que le supiera a mierda el chupa chus!).

Que pesen más las filias que las fobias,
que se jubile el dios de las batallas,
cateto emperador, gringo demente.

Que duerman los horteras con sus novias,
que salga el sol y brillen las medallas
de Bono en la pechera de la gente.

I. Salina

Junio de 2004

31

Tercetos encabronados (y III)

Qué antiguas las vanguardias de diseño,
fibra óptica y caspa, ¿a qué jugamos
más lejos cada vez del horizonte?

La duda es la razón, la sed mi dueño,
paso lígero, tronco, que nos vamos
antes de que Mahoma suba al monte.

¿Qué queda de la sarna y la anarquía,
los maquis, los Durrutis, las Dolores
que se jugaban todo y el pellejo?

Miré los muros de la patria mía,
ayer tan rojos, hoy tan sinsabores,
y me puse a llorar contra el espejo.

Las niñas sólo quieren ser famosas,
modelos, putas, qué más da, azafatas
de la ONG de ricos sin fronteras,

calientapollas, mantis religiosas,
Lolitas, Mesalinas, garrapatas,
mulatas que te roban la cartera.

Y yo, en un laberinto de secano,
convicto de humedades imposibles,
adicto al aquelarre del deseo,

viudo de una nube de verano,
perdido en una selva de imperdibles,
sin más fe que el derecho al pataleo.

Lima, junio de 2004

DOLORES IBARRURI
LA PASIONARIA

Coplas de pie quebrado para Neruda

En Parral están de fiesta,
cien años cumple San Pablo,
panza de buda,
chile que se me indigesta,
pongamos, Matilde, que hablo
de un tal Neruda.

Cueca, valsecito y son,
brindando con vino tinto,
uvas y viento,
España en el corazón,
dijo el capitán del quinto
regimiento.

Qué puñal contra el olvido,
qué radical en la guerra
del diccionario,
qué confieso que he bebido,
qué residencia en la tierra,
qué extravagario.

Malditos sean los tiranos,
malditas sean las medallas
del desgobierno,
benditos los aurelianos
que perdieron mil batallas
contra el invierno.

Qué boina gris maldoror,
qué querencia, qué almohada
incandescente,
qué veinte poemas de amor,
qué canción desesperada,
qué delincuente.

Isla Negra, capital
del *farewell*, del te quiero,
de la duda,
del azúcar y la sal,
de las cartas del cartero
de Neruda.

J. Salinas

Julio de 2004,
Neruda (no los aparenta)

Coplas a la muerte
de Kowalski

Se escaqueó Marlon Brando,
padrino de mi madrina,
con sus ochenta volando,
eau de sobac, gabardina

con lamparones viudos,
con mantequilla en el recto,
con jadeos sordomudos,
con su pasado imperfecto.

Poca gente lo quería
pero al abajo firmante
le enseñó que se podía
joder a los comerciantes

y engordar y envejecer
como un pirata inclemente
que sabe ser y no ser
eterno y adolescente.

Recuerden su camiseta
de efebo *predinosaurio*
o aquel solo de trompeta
sin condón ni *escrapulario*.

Me puso cuernos con Rita,
con Marilyn, con Marlen,
con Vivian y con Sarita,
antes de estar todo a cien.

A más de un putón apache
le alicató el paraíso,
los dioses no ven los baches
del estanque de Narciso.

Yo que no salgo en la foto
del día del orgullo gay
ni me ha tocado en la moto
de paquete Doris Day,

por calle melancolía
canto el responso del feo,
a la sombra de un tranvía
que se llamaba deseo.

Último tango en París
de huérfanitos gemelos,
qué entierro, qué *vis-à-vis*,
qué solterones en celo.

La muerte es un ripio zafio
que no desperdicia un tiro,
vaya mierda de epitafio,
quedan Torrente y De Niro.

I. Sabina

Julio de 2004

MarlonBrando
1924-2004

OTERO

37

Una canción para las chicas malas

El porno que me excita es cutre y casero,
mejor la Maritornes que la Afrodita,
jartito de subir la cuesta de enero
y que me diga *nasti* la Margarita.

Yo butanero, usted amita de casa,
hablo del siglo veinte,
cuando era un pibe,
un polvo en la cocina
y si no ¿qué pasa?
Lo imaginan las pajas
del que suscribe.

Pongamos un enfermo por bulerías
y una dulce enfermera de azul y cofia
y una puta en la cárcel de Yeserías
soplando las velitas de la bazofia.

Si te invitan a un porro y una papela
puedes decir que sí,
que no, que depende,
en Europa también existen favelas
y coños que se compran y que se venden.

Benditas las braguitas que se dejaban
ondear a media asta en un descampado,
y en la misa de doce se confesaban
de dos mentirijillas y tres pecados.

Las tontas de la clase, las más horteras,
doctas de un evangelio
que no está escrito,
las hijas naturales, las peluqueras
que bailan con cualquiera el vals
de San Vito.

Las madres de Lolita, las cuarentonas,
con faldita escocesa de colegiala,
las primas *inter pares,* las calentonas,
las viuditas alegres, las chicas malas.

J. Sabina

Madrid, julio de 2004

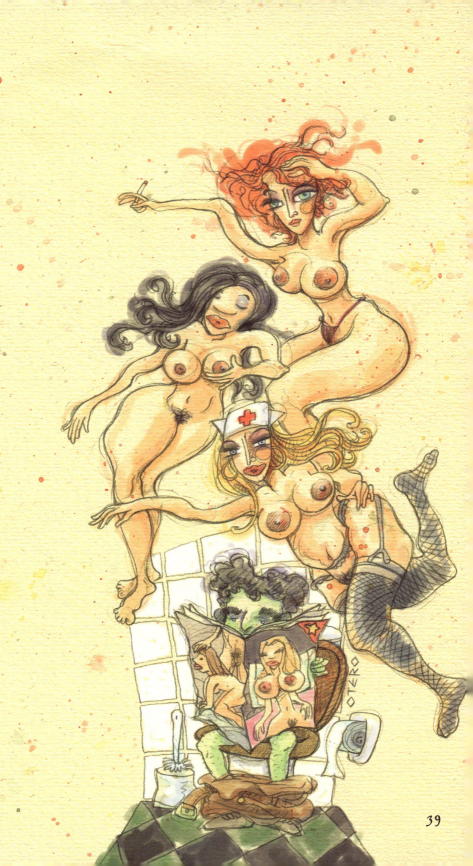

Antonio después de vivo

Para María Esteve y Carlos Saura

Viudito de la Pepa,
libre y cautivo
después de vivo,
Pilar López del trepa
de los tiovivos,
rojo de pura cepa
del verde olivo.

Marqués republicano,
yate y patera,
enredadera
que enreda a los gusanos
en su bandera.
Yo también soy cubano
a mi manera.

Con un pie en la sepultura
heredé una partitura
de postreras voluntades:
ni plañideras ni curas.
Firmado: Gades

Carmen, amores brujos,
bodas lorquianas,
sangre gitana,
payo de verde luna,
golfo cartujo,
carajillo de orujo,
Fuenteovejuna.

No da gato por liebre,
sueña temprano,
culto pagano,
no abreva en el pesebre
de los cristianos.
Si te sube la fiebre,
te echa una mano.

Qué miel para las abejas,
Qué corazón entre rejas,
Qué desierto de humedades,
Qué huelga de candilejas,
Antonio Gades.

Patadita en la jeta
de los barandas,
tango y parranda,
machitos con bragueta,
Lolita y Lola,
coñitos carambolas
a cuatro bandas.

Sudor macho extrafino,
rosas marrones,
mis emociones
con pan y con tocino
se disparatan,
hay tacones que matan
a los matones.

Resumiendo y con la venia
de mi señá doña Eugenia,
póstuma de mi cofrade,
que se mueran los cabrones,
¡Que viva Gades!

J. Salina

Madrid, julio de 2004

Oración descreída para Carmen

No fue madame Curie, ni Pasionaria,
pobre Paquirri, qué malabajío,
pedir la mano de una legionaria
con vicios parecidos a los míos.

Ordóñez, Dominguín, pinchazo en hueso,
Welles, Cocteau, Hemingway, genio y miura,
una noche en Sevilla, con un beso
tiró mi Baudelaire a la basura.

Pobre Belén, pobre Fran, pobre Quico,
pobres moritos de la morería,
'dita sea la muerte y el perico
que nos quitan el ya y el todavía.

No me caía mal y bien tampoco,
ni divina, ni Callas Atenea,
si retrato su muerte desenfoco
la suerte porque el luto me marea.

Tú solita te diste malos tratos,
con tu novio, tu amante, tu marío,
el Chuli, el Pai, el Cabra, los contratos,
tu Franco, tu trianera, tu Rocío.

Las malas compañías son las mejores
y las peores... sálvese quien pueda,
lo dice quien se queda en Relatores
aunque los monos se vistan de seda.

Qué Reggianí, qué Gades, qué semana,
qué muerte natural, qué desvarío,
qué soledad, qué *Carmina Burana*,
qué manual de ardores contra el frío.

Lo conseguiste, no llegaste a vieja
pescaílla que se muerde la cola,
si una quiere estar viva no se deja
robar una exclusiva inerte y sola.

I. Salina

Madrid, julio de 2004,
(Benditos muertitos)

Décimas
del escenario

Para Panchito, Antonio y Olguita

¿Dónde hallar una coartada
para este eclipse de musa,
de fusa, de semifusa,
de *joie de vivre*, de almohada?
El ictus, agua pasada,
me brindó perfecta excusa
para un mutis por el foro,
y, mi otro yo, como un loro,
vomita ante el calendario:
¿para cuándo el escenario?

El caso es que la escritura,
desván de la desventura,
me cura de algunas cosas:
candilejas caprichosas,
mariposas de Talía,
do re mi sol que solía
desbravar la mar bravía
y desfierar a las fieras.
Ojalá que las aceras
me hagan sitio todavía.

Porque nada me consuela,
porque todo me extravía,
porque duelen las *duquelas*
y llego tarde al tranvía,
porque quiero seguir siendo
sin saber cómo ni cuándo
y bendigo maldiciendo
y espero desesperando.
Mi venganza de don Mendo
será mintiendo y cantando.

Madrid, julio de 2004

Sonetos crepusculares

1. Por calderilla

Mejor será callarse de una vez
por todas, al carajo la poesía,
si es ley que por la boca muere el pez,
yo vivo de prestado todavía.

Lo firmo contra nadie y a favor
de la diosa razón, laica matrona,
que amortigua el silencio bienhechor
que grita alrededor de mi persona.

Con lo que me excitaba discutir,
qué desastre, en lugar de maldecir,
dejar morir la muerte sin guerrilla.

Con lo que me gustaba decir no,
qué marrón admitir que el propio yo
se cuelga en internet por calderilla.

2. Playas del sur

Aquí me tienes, casi mineral,
leyendo a Borges y pensando en nada,
soñando que, al llegar la madrugada,
me derrumbe otra dosis de *Orfidal*.

¿Qué fue de aquel cobaya de animal
que se comía todo a dentelladas,
que firmaba con sangre la balada
malcriada del *Bronx* de *Fuencarral*?

Heme aquí, frente a un mar que no se moja,
haciendo crucigramas en la hoja
de parra que maquilla mi pasado.

Con malas compañías y buen costo,
en las playas del sur hago mi agosto
de anarcotraficante derrotado.

J. Sabina

Base de Rota, agosto de 2004

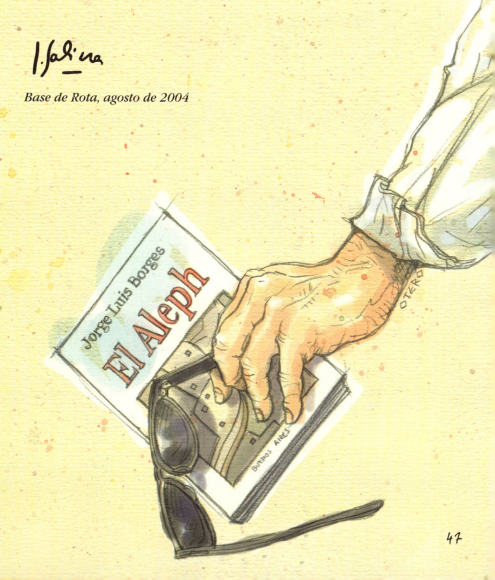

Olímpicos
sonetos

1. Hasta la meta

Acrópolis con sauna p'Al Capone,
medallas con padrino y alcahueta,
canallas que diseñan los calzones
de atletas con futuro en la brague ta.

¿A quién le importan Sócrates, Platones,
faltas de ortografía, gamma, beta,
controles antidoping? Mis cojones
conocen un atajo hasta la meta.

Efebos con pecados veniales,
ceñidos por laureles virtuales,
esclavos del kung fu y el bakalao.

Y la peña, en lugar de hacerse pajas,
mendigando en la tele las migajas
de Ulises, Jenofonte y Menelao.

2. Espartatenas

El himno, el pasaporte, la bandera,
son el único dios, la patria, el amo,
el negro que naufraga en la patera
será español si corre como un gamo.

La llama olímpica no hará carrera
si no se va a la cama con su amo,
si no alega, cruzando la frontera
de Samaranch, que no le sobra un gramo.

Espartatenas, bienes gananciales
que se disputan multinacionales
de lycras, hamburguesas y basura.

Maratón, disco, salto, jabalina,
la riqueza mass media es la ruina
que mina el corazón de la cultura.

J. Sabina

Playas del sur, agosto de 2004

En lugar de

En lugar de inmigrantes a la carta,
que desmadeje el viento las fronteras,
Cartagena es sinónimo de Esparta,
el mundo una naranja con banderas.
En vez de sopa boba y poca tarta,
Europa sin Le Penes ni pateras.

En lugar de aviones y misiles,
escuelas, hospitales y museos,
que los guardias civiles sean civiles,
que folle igual don guapo que don feo.
En vez de en bajos fondos de reptiles
que inviertan en Macondos y Ateneos.

En lugar de vestirse, las ministras,
que se desnuden para el pueblo llano:
una de cal, con verdes aspidistras,
otra de arena, con el pelo cano.
En vez de acicalarse cuelguen ristras
de ajos a la vuelta del verano.

En lugar de sermones, compañero,
cumpla usted lo que dijo en la campaña,
el sol aplaude el brindis de un torero,
si es hijo natural de un tal Azaña.
En vez de amoncloarse, Zapatero,
desaznare Melilla y Malasaña.

En lugar de qué poco, demasiado,
a cambio de la víspera, el después,
más vale arrepentirse del pecado
soñado que no pude cometer.
En vez de hacer un máster a los dados
saber que uno más una suman tres.

En lugar de McDonald's, Sancho Panza
o Michael Moore (Woody Allen me perdone
la muerte es el infiel de la balanza
contra el luego, el ozono, las canciones
En vez de Schwarzenegger, la esperanza
de que no gane Bush las elecciones.

Campos de soledad, Fabio, son estos,
ay dolor, palcolor, que tan mal huelen,
no se le olvide al comité de sabios
predicar al revés del padre Apeles.
En vez de triste coño y torpe labio,
cambien, con dos cojones, nuestra tele.

J. Sabina

Cádiz, agosto de 2004

Extravagario

Para Javier Rioyo

Un obispo con mierda en el bolsillo,
un colibrí con uñas en los codos,
un corazón de plástico amarillo,
un condón sin usar de *Quasimodo,*

una monja con guantes de boxeo,
un *Leonardo* con tanga de pantera,
un cojo con derecho al pataleo,
un nieto de Boabdil por peteneras,

un desfile de puntos suspensivos,
un concejal cosido a una medalla,
la soledad de un fumador pasivo,
un marciano tostándose en la playa,

un mapa de los ojos de las tripas,
una lengua de nieve con lunares,
un Dorado provincia de Arequipa,
un rufián ascendiendo a los altares,

una corbata negra azul marino,
un asesino en traje de etiqueta,
un huevo de Colón precolombino,
una mancha de tinta en la bragueta,

un *Domecq* escarbando en banderillas,
una escuela de adultos sin recreo,
un iceberg con caries y cosquillas,
un esternocleidomastoideo,

un tratado de leyes del embudo,
un mercado de perros con collares,
un panteón de reyes sordomudos,
un Chernobyl con piojos nucleares,

un malecón sin mar ni jineteras,
un banco sin usura ni ambición,
un estanco sin Camel ni estanqueras,
una hortera soltera en Benidorm,

un cielo de carbón, una oficina,
un pendón sin pasión ni canesú,
una ventana al viento de la esquina,
una semana más en *Interviú.*

J. Sabina

Rota, septiembre de 2004

53

Mi primer pasaporte

A la memoria de Mariano Zugasti, que le regaló el suyo
a este indocumentado, sin conocerlo.

Mi primera manzana se llamaba *quién eres*
mi primera hipoteca se llamaba *después*
mi primer laberinto se llamaba *mujeres*
mi primer adjetivo se llamaba *al revés*.

Mi primera guitarra se llamaba *extranjero*
mi primera moneda se llamaba *real*
mi primer mandamiento se llamaba *no quiero*
mi primer uniforme se llamaba *papá*.

Mi primer apellido se llamaba *Martínez*
mi primer desconsuelo se llamaba *Lulú*
mis primeros Abeles se llamaban *Caínes*
mi primer don Quijote se llamaba *Mambrú*.

Mi primer espejismo se llamaba *verano*
mi primera fulana se llamaba *por fin*
mi primer pasaporte se llamaba *Mariano*
mi primer aeropuerto se llamaba *París*.

Mi primera estación se llamaba *horizonte*
mi primera venganza se llamaba *perdón*
mi primer cigarrillo se llamaba *Bisonte*
mi primer crucigrama se llamaba *canción*.

J. Sabina

De vuelta en Madrid,
septiembre de 2004

54

Mis primeros penúltimos

Mi primer desconcierto se llamaba *destino*
mi primer hasta luego se llamaba *good bye*
mi primer Al Capone se llamaba *Al Pacino*
mi primer sonotone se llamaba *Compay*.

Mi primer cumpleaños se llamaba *posguerra*
mi primer seminario se llamaba *Berceo*
mi primer planetario se llamaba *la tierra*
mi primera Julieta se llamaba *deseo*.

Mi primer molotov se llamaba *Bilbao*
mi primera viuda se llamaba *Vietnam*
mis primeros naufragios se llamaban *Callao*
mi primera esperanza se llamaba *l'espoir*.

Mi primer desencanto se llamaba *febrero*
mi primer esperanto se llamaba *español*
mis primeros pinchazos se llamaban *torero*
mi primer zapatero se llamaba *charol*.

Mi primera madrastra se llamaba *gran vía*
mi primera nostalgia se llamaba *baúl*
mi primer *oui, je t'aime*, se llamaba *algún día*
mi primer punto g se llamaba *Interviú*.

Mi primer crisantemo se llamaba *sudario*
mis primeras gardenias se llamaban *Machín*
mi primer gatillazo se llamaba *Inventario*
mi primera resaca se llamaba *Albayzín*.

Mi primer *afterhour* se llamaba *vigilia*
mi primer ateísmo se llamaba *Jesús*
mi primera gestapo se llamaba *familia*
mi primer islamismo se llamaba *couscous*.

Mi primer vis a vis se llamaba *cualquiera*
mi primera bohemia se llamaba *Pigalle*
mi primer boca a boca se llamaba *enfermera*
mi primera *amateur* se llamaba *fatal*.

Mi primer *carpe diem* se llamaba *otra raya*
mi primer equipaje se llamaba *hashís*
mi primer kamikaze se llamaba *canalla*
mi primer trío de ases se llamaba *Police*.

Mi primer arzopisbo se llamaba *Yupanqui*
mis primeros cincuenta se llamaban *stop*
mi primer Nosferatu se llamaba *Polanski*
mi primera blasfemia se llamaba *oración*.

Mi primer *virgo potens* se llamaba *vagina*
mi primera chistera se llamaba *bombín*
mi primer enemigo se llamaba *Sabina*
mi primera frontera se llamaba *Joaquín*.

Mis primeros setenta se llamaban *Guevara*
mi primer Vaticano se llamaba *Fidel*
mi primera faldita se llamaba *dispara*
mis primeros vaivenes se llamaban *andén*.

Mi primer aguacate se llamaba *pomelo*
mi primer crecepelo se llamaba *champú*
mi primer disparate se llamaba *consuelo*
mi primer desconsuelo se llamaba *Moscú*.

Mi primer bandoneón se llamaba *García*
mi primera cadena se llamaba *la dos*
mi primera ecuación se llamaba *sandía*
mi primera Jimena se llamaba *hola adiós*.

Mi primera coartada se llamaba *domingo*
mi primer Odiseo se llamaba *Dublín*
mi primer filisteo era el capo de un *bingo*
mi primer *gay trinar* se llamaba *arlequín*.

Mi primer primo hermano se llamaba *Chavela*
mi primera madonna se llamaba *Lucía*
mi primera persona se llamaba a *dos velas*
mi primer *cul de sac*, *calle melancolía*.

J. Sabina

Madrid, septiembre de 2004

Las hijas
de las madres

Para mi hermano Paco

El niño de la Thatcher es golpista,
la niña de Dick Chenney tortillera,
la de Fidel gusana anticastrista,
la de Aznar facha y pija, qué dentera.

Los dos hermanos Bush analfabetos,
las gemelas Palacio palaciegas,
los Juan Guerra trincones y catetos,
los Alba culebrones por entregas.

Las putas qué lagartas tan decentes,
los católicos reyes qué dementes,
los huérfanos Panero cuánto Edipo.

Las hijas de las madres que amé tanto
me besan ya como se besa a un santo,
a mi edad las Koplowitz son mi tipo.

J. Sabina

Madrid, septiembre de 2004

Sextinas corrientinas pa cualquiera

Para Adolfo Castelo

Comprendo todos los modos
de procurarse un potaje,
pero sin uñas ni codos
ni deshonores ni ultraje,
entre la nada y el todo
hay sitio para un viaje.

Con la Iglesia hemos topado
díjole a Sancho Quijote,
ante un templo profanado
con sangre de chapapote.
Coronita, coronado,
el que no es tonto es cipote.

Lo digo como lo siento,
lo pienso como lo digo,
piso el santo sacramento
por defender a un amigo,
yo también vivo del cuento,
ciento cobrando es testigo.

Camacho pasó a la historia
dejando a García Remón
solo frente a la memoria

de un merengue campeón;
última vuelta a la noria,
galaxia sin corazón.

Dicen que el lince peligra
como espécimen impar,
yo sé que la peña emigra
del páramo a la ciudad,
y que el blanquito denigra
al negro sensemayá.

Qué ingenuo san Zapatero
brama Aznar en Jorgetón,
su afrodita es el dinero,
la mía, la diosa razón.
Brindis al sol de un torero,
rabo de un viejo león.

Los de la boina galega
no se tragan el birrete,
Rajoy va, pero no llega,
¿Manuel Fraga? caga y vete.
Qué folletín por entregas
entre Charlín y el retrete.

Lo que agoniza, doctores,
somos todas y ninguno,
pececitos de colores,
cibelitos de Neptuno,
las zurrapas de alcanfores
y las capas de los tunos.

Resumiendo, acelerando,
del purgatorio a la mierda,
sesenta y nueve volando,
viva mi gen manque pierda.
La derecha mangoneando
al bies de mi mano izquierda.

Madrid, septiembre de 2004

Historias de seis ciudades (I)

Primera entrega

Madrid

Madrid insomne, gata extraviada
entre Navalcarnero y Kansas City,
rubia de bote, cortesana, *pretty
woman* que besa y pide nada.

Larra, Galdós, Umbral, viernes, febreros,
tarteras de hojalata en la Gran Vía,
novena capital de Andalucía,
parada y fonda de los forasteros.

Zarzuelera corrala de vecinos,
casa de nadie, cruce de caminos,
madre de huerfanitos sin bandera.

Andén de maletillas sin futuro,
no acostumbro a jurar pero te juro
que en Tabernillas tienes quien te quiera.

Barcelona

La rambla es una puta ultramarina
que desafina al *vent* de l'Empordà.
¿El *seny*? Maragall *amb* barretina.
¿Y la *rauxa* con boina? Josep Pla.

Ronda del Guinardó, *brother*, charnego
Carvalho en la caverna de Cambó,
Nano del Poble Sec, te cuento luego,
lo de Foix, lo de Espriu, lo de Miró.

Tirant lo blanc, quiero decir azul,
els països catalans de Raimon Llull,
Gaudí, Brossa, Durruti, Pi i Barral.

Cuando me ponen cuernos los madril
paso de ministerios y alguaciles
y me alquilo una *suite* en el Raval.

J. Sabina

Puente aéreo, octubre de 2004

MADRILONA

OTERO

Historia de seis ciudades (II)

Segunda entrega

La Habana
Para Fabelo

La Habana es el pendón de las Antillas,
un volcán con acuse de recibo,
mulata con Caribe en las rodillas,
perla de una corona verde olivo.

Fidel, Martí, Guevara, sangro y vivo,
barbas de plata, fotos amarillas,
vedado malecón por donde arribo
al siglo veintiuno de puntillas.

Patio de columnatas anteayeres,
tan bella que hasta el ya del deterioro
le sienta como el nunca a las mujeres.

¿Lo mejor?, tu crepúsculo de oro,
¿lo peor?, que no sabes lo que quieres,
la patria, no la muerte, dice el coro.

Buenos Aires
Para Juan Gelman

Porteño fui desde que, en Caminito,
coincidí con Malena en un fandango
y Boca le dio teta al huerfanito
que arrastraba dos velas y un tamango.

Venus arrabalera, flor de fango,
Maipú esquina Corrientes, compadrito,
Colón de gala, pibes sin un mango,
Fangio, Discepolín, Borges, Dieguito.

Por don carnal contra doña cuaresma
líbrate del fantasma de la Esma,
del asma con Evitas trabucaires.

Canta con el Polaco y con García
el tango añil de la melancolía,
que tengas buenos sueños, Buenos
                                    [Aires.

J. Salina

Ultramarino, octubre de 2004

Mi Buenosaurios querido.
Hasta la victoria siempre.

Historia de seis ciudades (y III)

Tercera y última entrega

Lisboa

A la memoria de Zeca Afonso

Amalia, Grándola Vila Morena,
Alfama, *terra da fraternidade,*
cuarto menguante de la luna llena,
Magallanes vacuna antisaudade.

Balcón de las espaldas de Castilla,
confín peninsular, pulpito *a feira;*
lusitano, aunque doble la rodilla,
no se humilla, sostiene don Pereira.

Atlántica Babel apolillada,
sueño de don Enrique el navegante,
Camoens, Saramago, Reis, Pessoa.

Chiado que manque arde olvida nada,
cien claveles atrás, un paso alante,
desconsolado fado de Lisboa.

Venecia

Para Isabel

Venecia es un diván donde atardeces,
un noble catafalco descosido,
el palco de una góndola sin peces,
un Tadzio patinando por el Lido.

Venecia es un Otelo a la deriva,
un San Marcos de chicle americano,
un Canaletto gris en carne viva,
un nenúfar beodo en un pantano.

Y, sin embargo, Woody, qué bien sabe,
qué máscara, qué puente, qué arquitrabe,
qué Mahler, qué Visconti, qué museo,

qué sábana de seda en triste alcoba,
qué plaza del placer de Casanova,
qué tumba de la Venus de Romeo.

J. Salina

Otoño velazqueño, 2004

Piazzale Roma San Marcos Traunaza Clavel Gondolieri Fernando Pessoa Porto Marta Ferreira

Viendo llover en Madrid

El Gabo García Márquez acaba de publicar (¡cuánto ha tardado!)
Memoria de mis putas tristes. Mercedes Barcha Pardo, la Gaba,
aunque no los aparenta, anda cumpliendo años estos días.
Estas son las mañanitas que le canta el tío Joaquín.

Todas putas y tristes menos Mercedes,
todas tan listas, sufragistas de Saba,
todas vinagre, afeites y sal si puedes,
todas culiparlando menos la Gaba.

Todas Sierra Maestra si es necesario,
todas viudas alegres de los Buendía,
todas moviendo el móvil crepusculario,
todas menos la Barcha que no se fía.

Todas realismo mágico de segunda,
todas macondeando en Aracataca,
maquillando *Perfiles de Segismunda*,
en Miami a la mierda le llaman caca.

Todas máster en cómo subir peldaños,
todas pescando un dálmata que les ladre,
todas cumpliendo un siglo cada dos años,
todas menos la Pardo que es mi comadre.

Todas agonizando de nacimiento,
todas *allons enfants* de fin de semana,
todas entre Parménides y el cemento,
todas menos mi socia la colombiana.

El coronel

J. Sabina

Madrid, otoño de 2004

Tejana balada triste

A pesar de las gotas de rabia,
los idiotas que votan en Babia,
los catetos profundos del sur,
a pesar de Tales de Mileto,
a pesar del palacio y el gueto,
a pesar de rezarle a Jesús,
brindan por Bush.

A pesar del pesar de la historia,
Oklahoma no tiene memoria,
pese al gordo bufón Michael Moore.
A pesar de Saigón e Hiroshima,
a pesar de Guantánamo, prima,
Kerry palma por órdago al mus,
me cago en Bush.

A pesar de la gente decente
que naufraga tan contracorriente
que el presente le estalla en Kabul.
A pesar del misil y la ira,
lo que dice la Fox es mentira
y Bagdad otro grano de pus
firmado Bush.

A pesar del cerebro y el alma,
el cruzado no pierde la calma
cuando clava a Boabdil en la cruz.
Excusez-moi, no sé lo que digo,
mientras quede pasión sumo y sigo
dando el cante, *chez Interviú*,
maldito Bush.

*Madrid, nochecita de elecciones
imperiales de 2004*

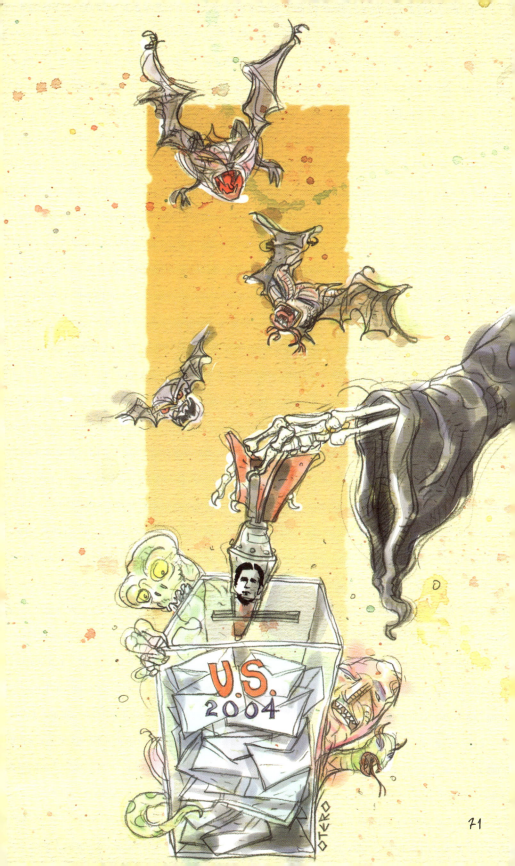

Oiga, doctor

Matasanos del Serrat

Ojo con mi primo el Nano
que está una *mica* malito,
cósalo con cuidadito,
doctor, que lo necesito
como el invierno al verano,
como el barquito a la mar,
como la leña al hogar,
para seguir aprendiendo
de nuestro oficio,
para sacarlo de quicio,
para llorarnos riendo,
para crecer compartiendo
los pocos vicios
que nos permiten las canas
y el riñón,
para que vuelva mañana
temprano a los escenarios
a cantarnos el diario
bilingüe del corazón,
a enseñarnos a decir
tres veces sí
y una no;
doctorcito,
le repito,
ojo con el bisturí,
porque, hoy por hoy,
tiene usted,
a su merced,
al más *noi*
del poble sec,
a las cuerdas de la voz
de un ser humano
más sabio que Salomón,

més germà que el meu germà,
més d'ara amb *més de demà*
més català que un gitano.
La última vez
coincidí en un japonés
con el marido
de *Penélope* y *Lucía*,
y la Yuta, *mare mía*,
que siempre ha sido
la novia que yo quería,
se fue con Víctor Belén
a triunfar en la Gran Vía,
la musa de las estrellas
de aquellas
pequeñas cosas
que, alrededor,
de mi *tron* ajardinó
blaugranas rosas;
oiga, doctor,
por favor,
trátelo *bián*
que es *númber uán*,
del pay pay
del Paraguay
mi *compay*
el *mestre* Joan.

*Madrid, quirófano
de noviembre de 2004*

AUTOGRAFOS

OTERO

HAGO MÍAS LAS PALABRAS DE JOAQUIN — EL ILUSTRADOR—

73

Responso
por el Rais

Arafat exiliado en Palestina,
mina anti-Bush, *kefiya* con lunares,
de Jordania a Beirut, fe tunecina
de los checheno-albanokosovares.

Pongamos, corazón, que hablo de Ohio,
Mogadiscio, Hanoi, *made in* Hong Kong,
brumario, germinal, agua de mayo
del globo de la globalización.

Belén, Toledo, gueto de Varsovia,
David y Goliat, moro judío,
sefardita Israel, maldita novia
que no casa lo tuyo con lo mío.

Máter Jerusalén, alma ruina
de los monoteísmos con carcoma,
catecismos llorando en cada esquina
por Abraham, por Cristo, por Mahoma.

Y vengan conferencias, galardones,
nóbeles, principitos asturianos,
calla el discurso, ladran los cañones
tan cromañones, tan judeocristianos.

Por sacudirse el holocausto yugo
sangre caliente mata a sangre fría,
la víctima se venga tal verdugo,
la muerte anda más viva cada día.

Pez espada con yelmo de hojalata
que nunca desemboca en el Jordán,
cairota funeral, en la Mukata
descansa sin descanso Abú Amar.

J. Salina

Ramala, noviembre de 2004

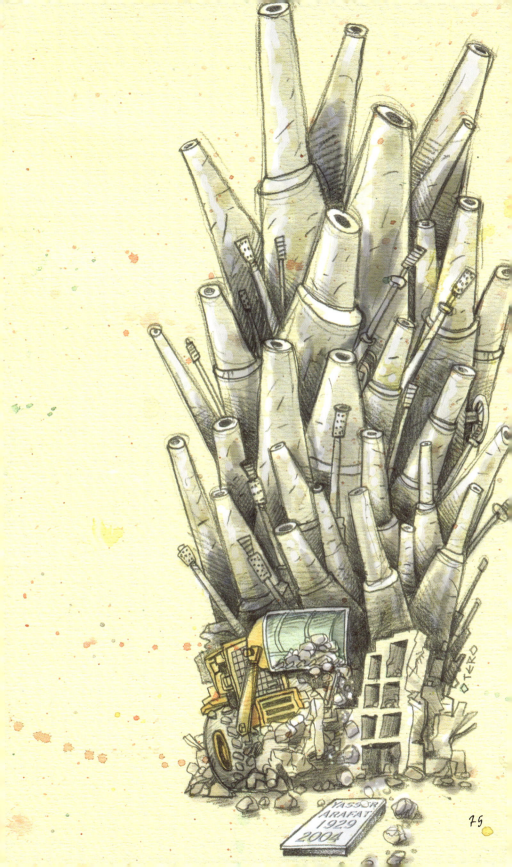

YASSER
ARAFAT
1929
2004

75

Antes

Antes de ti
yo ya existía,
antes de ti
¿no lo sabías?
yo ya cantaba,
yo ya mentía,
yo ya soñaba,
antes de ti
yo ya jugaba,
yo ya reía,
ya suspiraba
si me quitaban
la ilusión,
claro que sí
¿quién lo diría?
antes de ti
ya estaba yo.
Antes de mí
tú ya vivías,
antes de mí

¿no lo sabías?
tú ya besabas,
tú ya crecías,
tú ya apostabas,
antes de mí
tú ya ganabas,
tú ya perdías,
tú ya pensabas
que te estorbaba
la virtud,
claro que sí
¿quién lo diría?
antes de mí
ya estabas tú.

J. Salina

Después, invierno, 2004

Y dos ciudades más

Bagdad

El ladrón de Bagdad luce un careto
hipotenusa, Bono–Bush, tejano,
vértigo funeral del buen cateto,
brother de la paisana del gusano.

Y, sin embargo, el musulmán discreto,
ni talibán, ni jeque, ni pagano,
dice que el catecismo está obsoleto
como el Corán, venablo anticristiano.

Sin norte vago yo por las ciudades
con la fiebre del oro negro en vena,
cicatriz de un volcán de lava fría,

del laberinto de las soledades
doy fe de vida póstuma y ajena,
destino Irak, calle melancolía.

Lima

Lima la horrible, César con garúa,
guerra sin declarar, jardín cercado,
cerradura de llave con ganzúa,
Casuarinas, Barranco, Leoncio Prado.

Lima la dulce, flor de la canela,
alazanes de paso marinero.
Chabuca, fina estampa, duermevela,
Martín de Porres, Cristo milagrero.

Anticuchos, semáforos, cholitas,
chinganas, escribanos, pirañitas,
panza de burro, cielo hipotecado,

buganvillas, huachafos con corbata,
coronados laureles de hojalata,
último tren de los Desamparados.

J. Salinas

El Dorado, diciembre de 2004

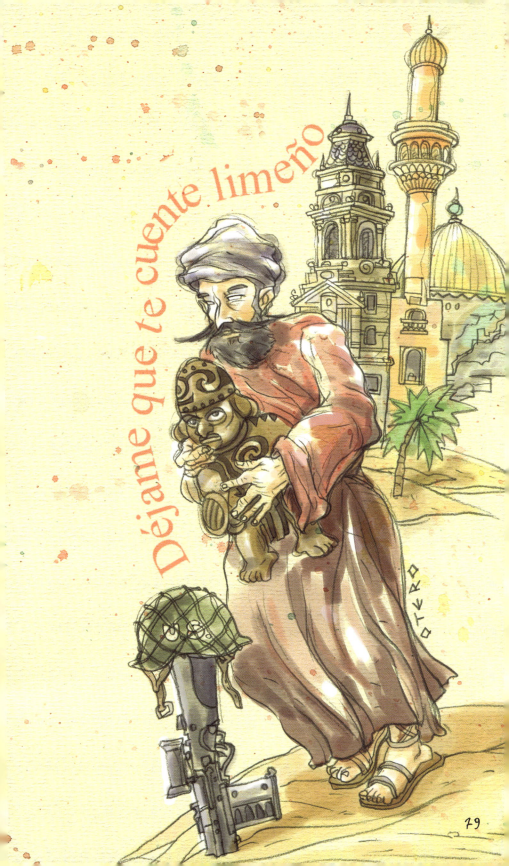

Déjame que te cuente limeño

79

Rafael Sánchez Ferlosio.

Al hijo del ministro falangista que inspiró *Soldados de Salamina*, al novio
de Carmiña Martín Gaite, al hermano mayor del maestro Chicho, que nos
dejó tan huerfanitos, le han concedido el Cervantes por méritos sobrados.
Los otros candidatos eran Ángel González, Juan Marsé, ídem Goytisolo,
Gamoneda, Pepe Caballero y Fernando Savater. Esta es mi glosa.

Al vástago de un quinto de Salamina,
al viudo de la boina martingaitera
lo declaran preclaro en vez de ruina,
le cambian el otoño por primavera.

Al hermano de Chicho lo han coronado
con mancos de Lepanto y pitiminí,
los pecios de la fama le han embargado
el Jarama, Yarfoz, D'Annunzio, Alfanhuí.

Pero que nadie olvide que estos laureles
ciñeron a una tal no sé qué Loynaz,
ni Borges, ni Gerardo, sus altas mieles
pudieron, *ex aequo*, paladear.

Ocioso recordar cómo san Camilo
reculó hacia adelante a paso ligero,
nunca hacía putada si no había hilo
que cortara su espada de pendenciero.

Porque los fastos goldensanchopancescos
poco tienen que ver con la pluma encinta,
pero al vate canoso los versallescos
honores le calientan imprenta y tinta.

Contra nadie lo digo sino a favor
de la palabra escrita, bien hilvanada,
no me analfabeticen, narices, por
estar en pie de guerra versus la nada.

El caso es que este acierto es tan acertado
que ni los macedonios dicen que no,
pero, perdónenme, yo hubiera votado
a Arcángel, al tío Pepe o al Guinardó.

O al cuarto candidato, bien importante,
Fernando Savater de mis entretelas,
no suelo coincidir con Cabrera Infante
pero en esta ocasión su violín consuela.

A Marsé, don González y Gamoneda,
al mejor Caballero, al gran Goytisolo,
se les queda una cara B de moneda
cuando la flauta dulce suena a Bartolo.

Mejor tomarse a coña los galardones,
a Kissinger le dieron el premio sueco
y yo quisiera, por mis santos garzones,
verlo en una mazmorra de Alcalá-Meco.

Lo peor del Cervantes es que la tuna
te canta clavelitos a bocajarro,
sin saber que la estatua de la fortuna
no muda por diamante su pie de barro.

"Aserejé, why not?", dijo don Quijote,
hace rato que Rato ha abierto la veda,
si hay millones que votan al del bigote,
que le den el Cervantes a Avellaneda.

I. Salina

El Toboso, diciembre de 2004

Idus de marzo

Santa Eugenia es un tren de cercanías
que descarrila entre las dos Españas,
sangre en El Pozo, luto en las legañas
de la Virgen de Atocha, madre mía,

qué espanto, Leganés, qué uñas en celo,
qué pronto madrugó la madrugada,
qué tripas corazón, qué desconsuelo,
qué pesadilla, qué tanto por nada.

Pongamos que hablo de un Madrid herido,
póstumo, cojo, mártir, desabrido,
Samur de mica, feldespato y cuarzo.

Móvil afónico, cristales rotos,
luego llegó la gente con sus votos
a tomar por asalto el tren de marzo.

J. Sabina

Madrid, diciembre de 2004

Pilar Manjón

No son once, no son eme,
no son nombres punto com,
es la viuda de los trenes,
Pilar Manjón.

Querían puerta cerrada
pero el cerrojo abrasó
con su palabra empapada
Pilar Manjón.

La maldición sin salida,
la niña de la estación,
el lagrimón de por vida,
Pilar Manjón.

Botas de piel calcinada,
gafas rotas del color
de la sangre derramada,
Pilar Manjón.

Hasta al propio Maquiavelo
se le rompe el corazón,
de punta le pone el pelo
Pilar Manjón.

Blasfema del acertijo
político de salón,
la huérfana de su hijo,
Pilar Manjón.

Con su cadáver a cuestas
el día catorce votó
suplicando una respuesta,
Pilar Manjón.

Basta de vanas conjuras,
de votos al por menor,
el horror no tiene cura,
Pilar Manjón.

Ojalá en este poema
no saliera el pabellón
de la muerte en el Ifema,
Pilar Manjón.

Tanto duelo en un minuto,
tanto agravio, tanto adiós,
no tiene alívio de luto
Pilar Manjón.

J. Sabina

Madrid, diciembre de 2004,

Estrábicos sonetos

Uno

Excelencia, ilustrísimo señor,
real alteza *versus* pueblo llano,
besamanos, magnífico rector,
Leti plebeya, mejillón pagano.

Zapatero era cero al portador,
Gallardón un sobrero de Manzano,
Esperanzi-chansón de Maldoror,
no juegue usted con fuegos de villanos.

Apeen desiguales tratamientos,
desmanden los mandados mandamientos,
menos el sexto y el noveno prima,

Moratinazo, asuntos exteriores,
Rubalcaba del brazo, Relatores,
home sweet home, lo que mola
$\qquad\qquad$ [es lo que rima.

Y dos

Por no mentar Losantos de la Copé,
dial episcopal, Albiac en vena,
Gabilonterrorista, anarcopope,
ser o no ser, Polancos en cadena.

Vomitan homilías numantinas,
cada matina cuecen malas artes,
se alimentan de esputos y aspirinas,
jueces sin toga, lutos trece y martes.

Lo digo porque sí, porque me pone
calentón discutir con los caínes
golpe a golpe, desnudo, verso a verso,

sordomudo sin fe ni sonotone,
aguacate sin mate, calcetines
con tomate, *monsieur, made in* inserso.

J. Salina

La Mancha, diciembre de 2004

87

Deseos para el año nuevo

Que den las campanadas a deshora,
que salga del armario la cultura,
que el Corán no se enfade con la Torah,
que apeste menos la telebasura.

Que no se canse tanto Zapatero,
que siga Llamazares dando el cante,
que cite con la izquierda mi torero,
que cabalgue de nuevo Rocinante.

Que me saque a bailar la primavera,
que se quiten la boina los catetos,
que arriben a buen puerto las pateras,
que se casen las vascas con maquetos.

Que Rajoy se pase al enemigo,
que Rouco haga un desnudo de portada,
que crezca más el coco que el ombligo,
que Afrodita me inspire una balada.

Que el Atleti se apunte otro doblete,
que no se mueran los muertos de hambre,
que pierda su tribuna el alcahuete,
que tus ojazos no me den calambre.

Que Gallardón no se pase de listo,
que deserte el borrego del rebaño,
que volvamos a ver lo nunca visto,
que no nazca tan viejo el nuevo año.

J. Sabina

Frío, diciembre de 2004

89

Máter España

Cántese con el son de De Gregori, con la voz de Ana Belén.

Máter España
de barba peregrina,
que falta a misa de doce,
que no conoce rutina,
masona, judía, cristiana,
pagana y moruna,
máter España,
más guapa que ninguna.

Madrastra España
a la hora de la siesta,
la puta que se enamora,
la fruta que se indigesta,
que al filo de la cucaña
mira pa otro lado,
bendita España
de Azañas y Machados.

Contrita España,
tormento redentor,
Perejil, Ceuta y Melilla,
cotos de caza menor,
catalán, galego, euskera,
la candón, Castilla,
tópica España,
fibra óptica y ladillas.

Nocturna España,
raíces y cemento,
epidemias, cicatrices,
blasfemias y sacramentos,
¿por quién doblan las campanas?

San Fermín en vena,
la de Triana
contra la Macarena.

Judas España
del mus y del café,
Al Andalus, Malasaña,
gitanito aserejé,
la del mono azul cobalto
y el caballo verde,
guardia de asalto
que ladra pero muerde.

Chusco y legaña
de todas o ninguno,
tricolor bandera blanca,
Millán Astray, Unamuno,
cervantina cojitranca
de áspero pasado.
¿Quién me ha robado
el siglo veintiuno?

J. Sabina

2005, por el culo te la hin...

Dones de la ebriedad

Para Claudio Rodríguez, in memoriam.

Uno

Ebriedad, noble don que dan los dioses
paganos ¡qué derroche el de aquel día!
otra copita más, uno sin doses,
dulce almidón de la melancolía.

Ebriedad, terca lágrima que ríe
redimiendo la muerte matutina,
antes de que la sábana se enfríe
al don de la vejez y la oficina.

Embriaguez, tan divina y tan humana,
tan luego, tan ayer, tan casquivana,
tan cana al aire de la malquerida.

Tan llave del cerrojo de las puertas,
tan niña de los ojos de las tuertas,
tan fuego en el rastrojo de la vida.

Y dos

Ebriedad es un bar donde no caben
más que adictos al vicio solidario,
el privé más privé de los que saben
beber sin vomitona escrapulario.

Ebriedad, esa masa descastada
que ilumina la fusa y la cuarteta,
que te da por respuesta la callada
cuando no se encabrita la bragueta.

Embriaguez, elixir del bardo Baco
que a los efebos torna en viejos verdes
coronados de pampas de tabaco,

premio a Dom Pérignon, nombre de pila
abstemio, no sabrás lo qué te pierdes
si no cambias la tila por tequila.

Arca de Noé, enero de 2005

Otra semana

Por do más colonial pecado hubiere
llueven sidas, volcanes, terremotos,
tsunamis que se ensañan con los seres
desesperados, tristes, flacos, rotos.

Chechenia, Gibraltar, Ceuta y Melilla
son la misma moneda con mil caras,
hartas ya de poner la otra mejilla
disparan cuando el gringo les dispara.

Otra semana
de un año más,
otra mañana,
sin marcha atrás.

El cajero del Banco Sumo y Sigo
(qué castigo chocarse con la aurora),
se venga con penaltis made in Figo
del amigo que atiende a su señora.

¿Y la guerra de archivos? Salamanca
contra Gerona, Tuy contra Jerez,
cuidadín con la Calvo, que no es manca,
sino Carmen de Ronda y Merimée.

Otra semana
de un año más,
otra mañana,
sin marcha atrás.

Rouco tiene razón, el buen creyente
ni paja, ni divorcio, ni mamada,
contra mota de polvo incandescente
tribunal de la Rota mal casada.

Y mi plan Ibarretxe tan Sabino
y mi vecino goma dos en mano,
sembrando de aduanas el camino
enviudando a la hermana de mi hermano.

Otra semana
de un año más,
otra mañana,
sin marcha atrás.

I. Salina

Europa, enero de 2005

Más tercetos encabronados

Para Javier Krahe

Contra el terrorismo, todos
pero que el Pepe no venga
ladrando con malos modos.

Y el gudari montaraz
que no mate, lo que tenga
que decir, dígalo en paz.

Cese el obispo de Roma
de dar hostias a mansalva
¿por quién carajo se toma?

Debajo del solideo
la ocasión la pintan calva
para ser un buen ateo.

Masivamente, en Madrid,
sostiene mosén que peca
hasta la viuda del Cid.

Sodomitas, gomorreros,
drogotas de discoteca,
servicio de caballeros.

Lo que la Iglesia no traga
es la ruina del cepillo
de los condones de Fraga

ni las ciencias redentoras
ni el vino del monaguillo
ni el culo de las señoras.

¿Asesino el pobre Bono?
¿héroe de masas Acebes?
Que la Cope afine el tono.

No digo yo que el talante
sea cosa del otro jueves,
pero rima en consonante.

Por cierto, ya que el pecado
se lleva tanto en la corte,
que llueva para este lado.

Para el lado de la gente,
que, en la guerrilla del norte,
llora sin uñas ni dientes.

J. Sabina

Ola de frío 2005

Entre no pasarán
y arriba España

Entre no pasarán y arriba España
la basca engendra, muere, desayuna,
unos con Manuelita Malasaña,
otras bordando capas de la tuna.

Labor de zapa
y yo también
viendo cómo derrapa
mi último tren.

Jartito de exabruptos maniqueos,
de palabros, de eructos inciviles,
de viernes de pasión, de filisteos,
de cruzadas, de oBushes, de misiles.

Garrotes viles
pero tampoco
llamo a los alguaciles
si viene el coco.

Otra vez diluviando sobre llovido,
quijotesco maná: duelos y quebrantos,
otra vez la nostalgia contra el olvido
y el código de barras desesperanto.

Vuelve Lepanto
y un servidor
colgado de los cantos
de Maldoror.

Que se me muera nunca la siempreviva,
que encuentre caballero mi damajuana,
que se revuelque el pibe con doña piba,
que dure nueve noches cada semana.

Por las ventanas
el tío del saco
con próstata, con canas
y sin tabaco.

J. Sabina

Febrero de 2005

99

Princesa

(Cántese con la música de ídem)

Entre los Borbones
y los nubarrones
andas siempre Letizia,
con tu rojo Caprile,
decorando el desfile,
retrasando primizias.

¿Cómo no imaginarte,
cómo no recordarte
con Urdaci en la tele?
antes del terremoto
zarzuelero y el voto,
maldita sea la foto
de los trenes que duelen.

La corona es un ayuno de fresa,
siglo veintiuno, de madonna a princesa.

Para la peña infiel
te llevas al doncel
de más alto plumero,
a cambio de aguantar
al patio preguntar
¿pa cuándo un heredero?

Los ruidos y las furias,
princesita de Asturias,
las otras y los unos,
van en el mismo *pack*,
de Ibarretxe y de Irak
¿Rojas Zorrilla? un *crack*:
del Prince abajo ninguno.

La corona es un ayuno frambuesa,
siglo veintiuno, cuatachona y princesa

Plebeya y divorciada,
jugaste la jugada
rayándote los codos,
abogada del taxi
minifalda de Maxi
purrusalda de todos.

La historia no está escrita,
la flor de lis, marchita,
necesita un injerto
de Ortiz Rocasolano,
paisana del paisano,
prima del primo hermano
del país de los tuertos.

La corona es un ayuno que pesa,
siglo veintiuno, de reinona a princesa

J. Sabina

Villa y Corte, febrero de 2005

¿Qué Europa?

Europa entre el Islam y el Vaticano,
fulana de Voltaire y de Tolstoi,
tropa de corazón republicano
del mañana que llega tarde al hoy.

Europa de Tarifa a los Urales,
camposanto de almena y catedral,
conflicto de derechos entre iguales,
con mancha de pecado original.

Europa de Virgilio y de Lutero,
sin káiser ni Le Pen ni cara al sol,
con Rembrandt, con Velázquez,
                              [con Durero,
con Pessoa, con Brel, con Rusiñol.

Europa con su venda en cada herida,
con su Dadá, su rap y su Bayreuth,
vacuna vacunada contra el sida,
con Kafka, Marx, Einstein, Erasmo, Freud.

Hormonas de Epicuros y Platones,
madonnas de Leonardo y Rafael,
ni salvapatrias ni Napoleones,
ni espadones ni tigres de papel.

Piñata unida a trancas y barrancas,
niñata consentida de papá,
Europa larga vida, manos blancas
sin miedo ni mordida ni *omertá*.

Europa de Buñuel y Kusturica,
farlopa de botica con hashís,
en los tercios de Flandes sobran picas,
Bruselas, Praga, Al Andalus, París.

Kosovo en llamas, sálvese quien pueda,
Auschwitz, Dresde, Guernica, qué Gulag,
extremaunción sin Eta ni Al Qaeda,
ni clones de ladrones de Bagdad.

Marenostrum, cous-cous y canelonni,
del tibio, del infiel y del ateo,
sin Putin, sin Aznar, sin Berlusconi,
con Darwin, con Cajal, con Galileo.

Verbenas de la gente por la calle,
tabernas, huevos fritos y Bocusse,
novenas del suspiro y el detalle
de Goya, de Beethoven, de Camus.

Europa del *skin* analfabeto,
con sus canas, su orgullo y su condón,
su acordeón, su busto, su soneto,
su clavel en la boca del cañón.

Europa palestina y descastada,
trinchera escarmentada de Caín,
Hamlet *or not to be*, menos es nada,
ni el muro de Sharón ni el de Berlín.

J. Salina

Estrasburgo, febrero de 2005

103

Página de sucesos

Entre el Carmelo y el coloso en llamas
muere otro día
carbonizando cronopios y famas
con su lejía.

Gloucester road, un racimo de uva
de moscatel,
tres tristes tigres perdidos en Cuba
lloran por él.

Varado en tierra me deja la nieve
del malecón,
mientras en Azca un fantasma se atreve
a hacer un butrón.

–¿Qué tal estás? –preguntó a Zapatero
su amigo Bush,
con ese acento tejano y torero
del fondo sur.

–Mejor que tú, que has perdido la llave,
el norte, el compás–,
el asesino del naipe no sabe
dónde está Irak.

Viuda consorte de náufrago en vena,
palo mayor,
Costa da morte, cada nochebuena
sangre a babor.

Sor Matanzano rociaba las artes
con vil zotal,
yo trabajaba de puta los martes
de carnaval.

Antes que hiciera del museo del Prado
un burger king,
su violetera se había cepillado
a don Gallardín.

Las olimpiadas mediáticas molan
más que un mundial,
con los catetos haciendo la ola
municipal.

Yo sólo digo que cuente conmigo
súper Garzón,
para una declaración de testigo
contra el balón.

Este inventario de malas maneras
zin acritú,
es el diario de un lunes cualquiera
en *Interviú*.

Nieve, febrero de 2005

104

125

Besos
colaterales

Al ladito firma Otero
y al dorso Forges,
delantito un par de tetas
y unas cuartetas
de zumo de mi tintero
y un escudero
viudo de Borges.

Vecindonas cuentan cuentos
de silicona:
entre coños y pezones
bordo canciones
y esculpo sin fundamento
un monumento
a mi vil persona.

Por no hablar de Savater
ni de Millás
ni del finado Carvalho
pluma de palo
en Tirso y Escudillers
uno y una suman tres,
menos es más.

Contra el diluvio que viene,
cual avestruz,
me protejo hablando en plata
de hoja de lata
y con mi cuerpo de jota
salgo en pelotas
en *Interviú*.

J. Sabina

Madrid, mayo de 2005

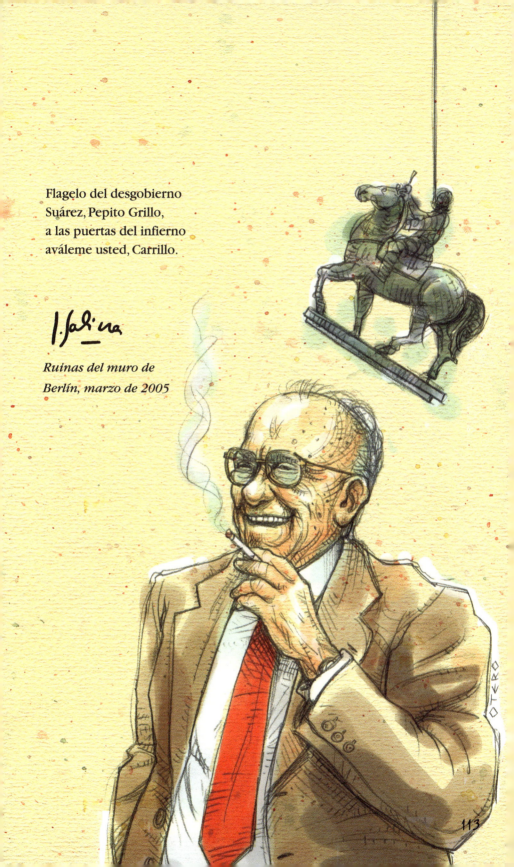

Flagelo del desgobierno
Suárez, Pepito Grillo,
a las puertas del infierno
aváleme usted, Carrillo.

Ruinas del muro de
Berlín, marzo de 2005

113

Camila Parking Bowlings

Testas coronadas. Primera entrega

La *prima donna* Elizabeth
sacerdotisa del aleph
del anglicano,
nunca fue fan de lady Di,
ni de la Ferguson Ortiz
Rocasolano.

La monarquía es un cohecho
que a las parejas de desecho
ningunea,
en alma propia lo ha sufrido
la sangre azul del prometido
de su fea.

Pero al orejas su Camila
lo pone a cien, támpax con pila
duracell.
Windsor *graffiti* de excusado:
*"God save the queen, muera el malvado
Peñafiel"*.

Y cuando primogeniCharls
luce, si toca abrir el vals,
falda escocesa,
seduce a la que menos debe,
hurra por *prince* Carlos el breve
y su princesa.

Duque consorte de Edimburgo,
porte real, Antonio Burgos
con medallas,
derrama amor, malaya guerra,
solo entre Ascot y el polo cierra
la muralla.

En Covent Garden *butterfly*,
la Thatcher dijo que nanay,
fastos nupciales,
en Abbey Road el roquerío
se la llevó al lorquiano río
de Escocia y Gales.

En una cama caben tres,
menos la cuarta que por pies
sale de naja,
y en un crucero decidió
que Harrod's era el Nueva York
de las rebajas.

El canterbúrico arzobispo
adorna artúrico el aprisco
de la verbena,
cisma letal, ni sé ni sabo
carisma impar de Enrique octavo
y Ana Bolena.

Buckingham Palace se arrodilla
al *sun* de la prensa amarilla
dando tumbos,
el benjamín del buen rollito
cultiva el pedo y el porrito
y los gayumbos.

Se unieron por lo criminal
después por lo municipal,
Blair de padrino,
tercera vía del cobarde
Azores, Bush siniestro alarde
Aznar y trino.

No han de faltar republicanos
que entre Diana y los hermanos
de su hermana,
flipen con lengua nazarena,
por la postrera nochebuena
casquivana.

Por resumir, por acabar,
ladren ustedes en Hyde Park
Speaker's Corner,
el coño es un otoño en flor
oso y madroño, Maldoror
de Maritornes.

Windsor's Castle, marzo de 2005

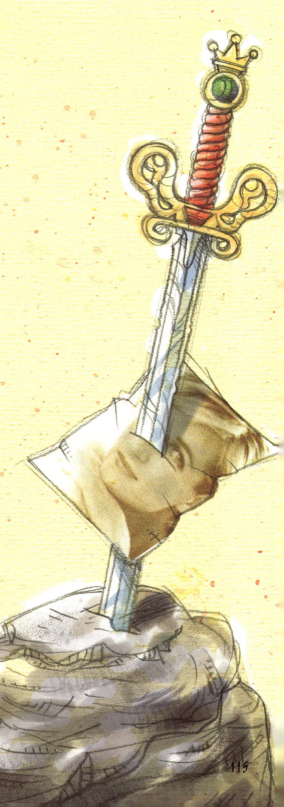

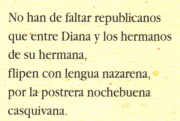

Novias
de España

Malatestas coronadas. Segunda entrega

Con sus pomelos al sol
que más calienta, endemol,
entre Marbella y Macondo,

casting de putón de playa
que no tira la toalla
sino ante un talón sin fondos,

cobrando por un completo
más que yo por cien sonetos,
perdonen que no me ría.

San Perignón, don Perico,
geisha de un primate rico
que vomita en plena orgía.

No hablo del Papa ni de Rainiero
esta semana porque no quiero
jurar en vano,
ni de sir Harald, el de Noruega,
papi de un Haakon que no reniega
de Mette mano.

Ayer la novia de España
era una mari castaña
de castañuela salobre,

si no humillaba el torero,
se arrimaba a algún tendero
que la sacaba de pobre.

Ahora se llaman Vanessas
y ejercen de baronesas
o de Cortinas de banco,

le ponen cuerpo de jota
al tribunal de la Rota
que las descasa de blanco.

No hablo de Arabia ni de Marruecos,
ni de los jeques ni de los flecos
de la sultana,
marciana, cónclave telecinco,
toma tomate que te la jinco
televillana.

Portadas en *Interviú*
amortizando melones
clonados de silicona.

Al Juanca le habla de tú
y una peña de trincones
la trincan en Barcelona.

Y en Milán Dolce y Gabbana
le despampanan ventanas,
fulana de escaparate.

AcrapulcoidoLatría,
candelabrortografía
vaso de culo de yate.

No hablo de Claus ni de Fabiola
ni reina sol de la coca-cola
con hemofilia,
sino de las princesas plebeyas,
con un contrato de seis estrellas
pa su familia.

Cuánto vidente con moscas
qué *lehendakari*, qué ceño,
mueran las arias de Tosca,
viva Pepe el marismeño.

J. Salina

Callejón prêt-à-porter, abril de 2005

Esdrujulario

Después de la retórica de fastos funerales,
de bodas menopáusicas, de santos pecadores,
regreso a las domésticas geórgicas triviales,
a las áureas mediócritas de calle Relatores.

Después de las babélicas monjitas virginales,
después de los termómetros de herméticos doctores,
qué gusto hacer el índice de crónicas banales
ajenas a los cónclaves de tales monseñores.

Mediáticos de plástico, místicos de diseño,
telúricos del ácido de la fumata negra,
de la fumata blanca, de la fumata rosa,

purgatorio del ánima que el corazón alegra,
qué púrpura tan lóbrega, qué mundo tan pequeño,
qué mitra carismática, qué páter sin esposa.

J. Salinas

Plaza de San Pedro, abril 2005

Habemus papam

Dogmático del dogma, santo oficio,
pastor en jet privado por el mapa,
fustigador de pajas y fornicios,
habemus papam.

Ortodoxo de mitra y solideo,
pegado al gran poder como una lapa,
anti Epicuro, Darwin, Galileo,
habemus papam.

Bush y Ratzinger se han antediluviado
bajo la misma impermeable capa,
el espíritu santo la ha cagado,
habemus papam.

Epifanía del relativismo,
teología del Opus y la Trapa,
ideología del paleocristianismo,
habemus papam.

Panzer le llaman quienes lo conocen,
in péctore, de su labor de zapa,
más que un gordo Roncali,
un imPío doce,
habemus papam.

Casaldáliga, Hans Küng, Leonardo Boff,
el padre Llanos versus la Concapa,
inclusa de la mala educación,
habemus papam.

¿Condón?, ¿sacerdotisas? no me jodas,
¿divorcio? ¿aborto? misa con zurrapa,
no tendrá el maricón noche de bodas,
habemus papam.

I. Salina

Club de fans de Tettamanzi,
abril de 2005

121

Talones al portador

A Jesús Maraña

A mi turbia conciencia le debo
almohadas en vela,
a una intrusa el ardiente placebo
de carne sin tela.

A los años les debo las canas
que siembran los años,
al futuro la oscura mañana,
el postrer desengaño.

A un eclipse de musa le debo
mis versos más ñoños,
a la copa de ajenjo que bebo
el gingseng del otoño.

Al presente le debo la vida
de cuerpo presente,
al ayer una copa, una herida
fugaz e insolvente.

A la escuela le debo sumandos
que sumaban poco,
mi maestro enseñaba lampando
tan cuerdo y tan loco.

Dando cuerda al reloj del revés
en mitad de la calle,
la desesperación, los porqués,
la razón y el detalle.

Yo pensé que en denantes los treinta,
desde el homo fáber,
el artista pagaba su cuenta
de efebo cadáver.

Pero luego la parca, ya veis,
hace bises en vida,
me tenéis a los cincuenta y seis
cultivando la herida.

La cuestión cuando llama a mi puerta
mundanal ruido
son las órdenes claras y ciertas
de que ando reunido

con los pájaros que sobrevuelan
mi innoble cabeza,
y la media lunita que riela
el mar de mi pereza.

Al desliz de un cupido insolente
le debo la vida,
al amor el amor de la gente
en los tiempos del sida.

A la suerte debo la fortuna
de haberte encontrado,
a la noche las mil y una lunas
de miel que he gozado.

Calle canalillo, abril de 2005

123

Benditos
malditos

Para Maruja Torres

Benditos sean los dulces maricones
con su velo de tul, ole sus huevos,
los armarios desiertos, los condones,
las alanas, los vándalos, los suevos.

Benditas sean las tímidas lesbianas
que comparten el baño de señoras,
Gretas Garbo, Chavelas, Marijuanas
sáficas, vaginitas de Pandora.

Benditos sean los *after hours* de ambiente
que incumplen el noveno mandamiento
y el sexto en beneficio de la gente.

Se portó mi compadre Zapatitos
llevando el corralito al parlamento,
las cosas como son, dijo Panchito.

Malditos sean los probos concejales,
la objeción de conciencia sin conciencia,
los obispos sin alma, los mortales
pecados veniales, qué inclemencia.

Maldito el posmoderno Torquemada
que excomulga la mancha de la mora,
el infierno que incendia la alambrada
del amor con cadenas a deshora.

Pobrecita la esposa que comulga
con ruedas de molino los domingos,
sin profanar la veda de la pulga.

Maldito el torvo esposo que la obliga
cuando vuelve los sábados del bingo
a ponerse las medias y las ligas.

I. Salina

Lesbos, México, abril de 2005

124

Caliente frío

Para mi brother Jorge

¿No es verdad que el jornal es lo primero,
que pensar al revés es desvarío,
que don menesteroso caballero
apesta con Platero en el Rocío
del cuñao de León y de Quintero?
Respuesta: Frío, frío.

¿Es mentira que el sol es un intruso
y la luna un farol, plata de diente,
que el uso que le dan es un abuso
que abusa de la noche de la gente
marciana, buenafuente, multiuso?
Contestación: Caliente.

¿El Potosí, el Dorado, eran de oro?
¿El lasidoremí… daba la clave?
Pongamos que, en Madrid, imán del foro
se trata nunca de quemar las naves
en cruzada suicida contra el moro.
Clama el coro: ¿quién sabe?

Derecho de pernada y pataleo,
a Melibeo, las hermanas Cruz,
le cargan el baúl del famoseo
con rollos macabeos (jolivud),
don Juan sucumbe al arpa de Morfeo,
doña Inés al glamour.

Para desayunar ostras de arcade
a Frade le alquiló el coño una miss,
sin peros, ni retoño ni saudade,
con daños a terceros, vis a vis.
No le preguntes al marqués de Sade
que va a decir que oui.

El caso es, adivina adivinanza,
que Amenábar nos amenabaría,
ni Nostradamus ni Vostraesperanza
predijeron que Drexler cantaría,
malaya sea el bueno de Bonanza,
viva la juglaría.

J. Sabina

Alfombra roja, 2005

Chuflillas del tres por ciento

Parece que el tres por ciento
no es un invento.

Que la mafia del ladrillo
pasa el cepillo.

Que la gripe catalana
es republicana.

Que el turbio caso Casinos
huele a padrinos.

Resulta que en Barcelona
la bolsa sona.

Mientras se encrespa el Carmelo
sube el subsuelo.

El carrer está que arde
dijo un cobarde.

Nos meten la barretina
con vaselina.

Qué peligro el tripartito,
Carod bendito.

Mientras el souflé no baje
no hay quien trabaje.

Como dona maltratada
–y maragallada,

disoluto el estatuto
vela su luto.

Cultureta y Prenafeta,
¡la Moreneta!

Estevill y De la Rosa
nostra es la cosa.

Collonut, guerras civiles
sensa misiles

El govern va malament
al parlament.

El Carmel era un baluarte
del pijoaparte.

El Raval del mestre Váz-
quez Montalbán.

Gimferrer, el ala abstemia
de una academia

sin Boadella, Pla, Gaudí,
Brossa, Dalí.

¿La moción de un tal Piqué?
aserejé.

¿El baranda es el que manda?
saque de banda.

¿Fajador contra estilista?
pierde el artista.

Europa no es Ronaldinho
sino Mourinho.

Sant Jaume, marzo de 2005

Pareados merengados

Para Guti y Arantxa

Ronaldo ya no es o rei
ni el káiser don Vanderlei.

Roberto Carlos en rueda
de prensa rompe la veda.

A Iker ciertas zancadillas
lo sacan de sus casillas.

¿Raúl? El gran capitán
¿de qué club? De uno de fans.

Samuel sí que tiene gol,
pongamos que hablo de Eto'o.

Helguera no juega mal,
dos de brega, una de cal.

Partidazo de Salgado,
solteros contra casados.

Gravesen, gurú del fondo
sur a falta de Redondo.

¿Y el consorte de la Spice?
qué fashion, qué charm, qué nice.

Un papa y diez monaguillos,
Zizou no besa el anillo.

Los Celades, los Pavones
están hasta los cojones.

Owen anda a la que salta,
tiene una oferta de Malta.

Oreja para Raúl Bravo,
a ver cuándo corta un rabo.

Bien lo dijo Mendicutti,
¿por qué no ponen a Guti?

o a Solari que es un tren
si el míster le dice ven.

Florentino ojo de lince,
fichando cracks con esguince.

Desde que se fue Juanito
no toca el pito ni Brito.

Once finos cascabeles
añorando a Makelele.

La mujer de Bernabéu
no era la de Karembeu.

Por no hablar de la de Figo,
que no es Diego sino digo.

La galaxia es un albero
sin Torres y sin toreros.

Envidia de los atletas
que no venden camisetas.

Cumplieron siglos por hora
contra la vecchia signora.

Alfonsín Ussía es gafe,
cuidadín con el Getafe.

No pujen más por Joaquín,
yo no juego sin bombín.

J. Sabina

Getafe, marzo de 2005

Noventa marzos pedestres contra medio siglo ecuestre

La noche que celebrába-
mos tus noventa primeros,
la grúa descabalgaba
del caballo de Espartero

al general que ganó
la guerra más incivil
y después nos aplicó
la ley del garrote vil.

Tres eran tres, tú el primero
que se quedó, señoría,
de pie cuando entró Tejero
parodiando a un tal Pavía.

En Cortes voz ilustrada,
hoz mellada sin martillo,
rojigualda apolillada,
falda morada sin brillo.

Durante la transición,
al borde del precipicio,
más que la revolución
te tocó hacer sacrificios.

Leninista descastado,
domador del extremista,
confesor de mi pecado
imberbe anarco-trotskista.

En el post-estalinismo
dejaste el marxismo en bragas,
funámbulo de ti mismo,
del Che, de Anguita, de Praga.

La baba del miserable,
Cuelgamuros, Paracuellos,
arenga el ruido de sables
que mata los matasellos.

Pero entre la Pasionaria
y Alberti, qué rojo *lobby*,
contra la grey libertaria
catilinarias de Coby.

Santiago y la flor de lis
con cigarrillo y peluca
practicando un vis a vis
como Carpanta y Manduca.

Más de una vez fuimos juez
y parte de tu persona
pero a los ochenta y diez
la chochez se nos perdona.

Ítem más, echando un ojo:
Chávez, Castro, Lula y cia.
a este ex-combatiente cojo
no le ofrecen garantía.